衛將軍驃騎列傳第五十一　史記百一十一

大將軍衛青者平陽人也 正義曰漢書云其父鄭季河東平陽人以縣吏給事平陽侯之家也 其父鄭季爲吏給事平陽侯家與侯妾衛媼通 索隱曰衛姓也媼婦人老少通稱漢書曰與主家僮衛媼通案既云家僮故知非老或者媼是年老之稱後追呼耳然外戚傳云薄姬父與魏王宗女魏媼通則少亦稱媼也而小顏云衛者舉其夫家姓也然案此云侯妾衛媼則似無夫下云同母兄衛長子及姉衛子夫皆冒衛氏又似有夫耳其所冒之姓爲父與母皆未明也 生青青同母兄衛長子而姉衛子夫自平陽公主家得幸天子 徐廣曰曹參曾孫平陽夷侯時尚武帝姉平陽公主生子襄○索隱曰案如淳云本陽信長公主爲平陽侯所尚故稱平陽公主世家及功臣表時或作疇漢書作壽並文字殘缺故不同也 故冒姓爲衛氏字仲卿長子更字長君長君母號爲衛媼媼長女衛孺 索隱曰漢書云君孺 次女少兒次女即子夫後子夫男弟步廣 徐廣曰步一作少 皆冒衛氏青爲侯家人少時歸其父其父使牧羊先母之子 服虔曰先母適妻也青之適母○索隱曰漢書作民母顏氏云鄭季本妻編於民戶之間故曰民母今本亦或作民母也 皆奴畜之不以爲兄弟數 索隱曰音去聲 青嘗從入至甘泉居室 正義曰按居室署名武帝改曰保宮灌夫繫居室是也 有一鉗徒 張晏曰甘泉中徒所居也 相青曰貴人也官至封侯青笑曰人奴之生得毋笞罵即足矣安得封侯事乎青壯爲侯家騎從平陽主建元二年春青姉子夫得入宮幸上皇后堂邑大長公主女也 徐廣曰堂邑安侯陳嬰之孫夷侯午尚景

帝姊長公主生子季須元鼎年季須坐奸自殺○正義曰文穎云陳皇后武帝姑女也 公主聞衛子夫幸有身妬之乃使人捕青青時給事建章未知名 索隱曰案晉灼云建章上林中宮名也 大長公主執囚青欲殺之其友騎郎公孫敖與壯士篡取之以故得不死 索隱曰篡猶刼也奪也 上聞乃召青爲建章監侍中及同母昆弟貴賞賜數日間累千金孺爲太僕公孫賀妻少兒故與陳掌通 徐廣曰陳平曾孫名掌也 上召貴掌公孫敖由此益貴子夫爲夫人青爲太中大夫元光五年青爲車騎將軍擊匈奴出上谷太僕公孫賀爲輕車將軍出雲中太中大夫

公孫敖爲騎將軍出代郡衛尉李廣爲驍騎將軍出鴈門軍各萬騎青至籠城斬首虜數百騎將軍敖亡七千騎衛尉李廣爲虜所得得脫歸皆當斬贖爲庶人賀亦無功元朔元年春衛夫人有男 索隱曰即衛太子據也 立爲皇后其秋青爲車騎將軍出鴈門三萬騎擊匈奴斬首虜數千人明年匈奴入殺遼西太守虜略漁陽二千餘人敗韓將軍軍漢令將軍李息擊之出代令車騎將軍青出雲中以西至高闕 索隱曰高闕山名小顏云一曰塞名在朔方之北也 遂略河南地至于隴西捕首虜數千畜數十萬走

白羊樓煩王遂以河南地爲朔方郡正義曰今夏州也以三千八百戶封青爲長平侯青校尉蘇建有功以千一百戶封建爲平陵侯使建築朔方城正義曰括地志云夏州朔方縣北什賁故城是按蘇建築什賁之號蓋出蕃語也青校尉張次公有功封爲岸頭侯索隱曰案晉灼云河東皮氏縣之亭名也○正義曰服虔云鄉名也天子曰匈奴逆天理亂人倫暴長虐老以盜竊爲務行詐諸蠻夷造謀籍兵數爲邊害張晏曰從蠻夷借兵鈔邊也故興師遣將以征厥罪詩不云乎薄伐獫狁至于太原索隱曰此小雅六月詩美宣王北伐也薄伐者言逐出之也出車彭彭城彼朔方索隱曰小雅出車之詩也今車騎將軍青度西河正義曰即雲中郡之西河云勝州東河也至高闕獲首虜二千三百級車輜畜產畢收爲鹵已封爲列侯遂西定河南地按榆谿舊塞如淳曰案行也榆谿舊塞名或曰按尋也○索隱曰案水經云上郡之北有諸次山諸次水出焉東經榆林塞爲榆谿是榆谿舊塞也絕梓領梁北河如淳曰絕度也爲北河作橋梁○正義曰括地志云梁北河在靈州界也討蒲泥破符離晉灼曰二王號○索隱曰崔浩云北塞名斬輕銳之卒捕服聽者三千七十一級張晏曰伏於隱處聽軍虛實執訊獲醜正義曰訊問也醜衆言執其生口問之知虜處獲得衆類也驅馬牛羊百有餘萬全甲兵而還益封青三千戶其明年匈奴入殺代郡太守友徐廣曰友者太守名也姓共也入略鴈門千餘人其明年匈奴大入代定襄上郡殺

略漢數千人其明年元朔之五年春漢令車騎將軍青將三萬騎出高闕衛尉蘇建爲游擊將軍左內史李沮文穎曰音俎爲彊弩將軍太僕公孫賀爲騎將軍代相李蔡爲輕車將軍皆領屬車騎將軍俱出朔方大行李息岸頭侯張次公爲將軍出右北平咸擊匈奴右賢王當衛青等兵以爲漢兵不能至此飲醉漢兵夜至圍右賢王右賢王驚夜逃獨與其愛妾一人壯騎數百馳潰圍北去漢輕騎校尉郭成等逐數百里不及得右賢裨王十餘人索隱曰賈逵云裨益也小顏云裨王小王也若裨將然音頻移反衆男女萬五千餘人畜數千百萬於是引兵而還至塞天子使使者持大將軍印即軍中拜車騎將軍青爲大將軍諸將皆以兵屬大將軍大將軍立號而歸索隱曰案謂立大將軍之號令而歸也天子曰大將軍青躬率戎士師大捷獲匈奴王十有餘人益封青六千戶而封青子伉正義曰口浪反爲宜春侯青子不疑爲陰安侯青子登爲發干侯青固謝曰臣幸得待罪行閒賴陛下神靈軍大捷皆諸校尉力戰之功也陛下幸已益封臣青臣青子在繈褓中正義曰繈長尺二寸闊八寸以約小兒於背褓小兒被也未有勤

勞上幸列地封爲三侯非臣待罪行間所以勸士力戰之意也伉等三人何敢受封天子曰我非忘諸校尉功也今固且圖之乃詔御史曰護軍都尉公孫敖三從大將軍擊匈奴常護軍傅校獲王索隱曰顧秘監云傅領也五百人謂之校小顏云傅音附言敖捴護諸軍每附部校以致克捷而獲王也以千五百戶封敖爲合騎侯索隱曰案非邑地因戰功爲號謂軍合驃騎故云合騎若冠軍從驃然也都尉韓說從大將軍出窳渾徐廣曰窳渾在朔方音庾○索隱曰服虔云窳渾塞名漢書作寘渾寘音田至匈奴右賢王庭爲麾下搏戰獲王索隱曰搏音博搏擊也小顏同今史記漢書本多作傳傳猶轉也以千三百戶封說爲龍頟侯騎將軍公孫賀從大將軍獲王以千三百戶封賀爲南窌侯徐廣曰窌宜作奅音匹孝反○索隱曰韋昭云縣名或作窖字林云大下卯與穴下卯並音匹孝反輕車將軍李蔡再從大將軍獲王以千六百戶封蔡爲樂安侯校尉李朔校尉趙不虞校尉公孫戎奴各三從大將軍獲王以千三百戶封朔爲涉軹侯以千三百戶封不虞爲隨成侯以千三百戶封戎奴爲從平侯將軍李沮李息及校尉豆如意有功賜爵關內侯食邑各三百戶其秋匈奴入代殺都尉朱英其明年春大將軍青出定襄合騎侯敖爲中將軍太僕賀爲左將軍翕侯趙信爲前

將軍衛尉蘇建爲右將軍郎中令李廣爲後將軍左內史李沮爲彊弩將軍咸屬大將軍斬首數千級而還月餘悉復出定襄擊匈奴斬首虜萬餘人右將軍建前將軍信幷軍三千餘騎獨逢單于兵與戰一日餘漢兵且盡前將軍故胡人降爲翕侯見急匈奴誘之遂將其餘騎可八百犇降單于右將軍蘇建盡亡其軍獨以身得亡去自歸大將軍大將軍問其罪正閎張晏曰正軍正也閎名也長史安正義曰律都軍官史一人也議郎周霸等徐廣曰儒生○索隱曰案郊祀志議封禪有周霸故知儒生也建當云何霸曰自大將軍出未

甞斬裨將今建棄軍可斬以明將軍之威閎安曰不然兵法小敵之堅大敵之禽也今建以數千當單于數萬力戰一日餘士盡不敢有二心自歸自歸而斬之是示後無反意也不當斬大將軍曰青幸得以肺腑待罪行間不患無威而霸說我以明威甚失臣意且使臣職雖當斬將以臣之尊寵而不敢自擅專誅於境外而具歸天子天子自裁之於是以見爲人臣不敢專權不亦可乎軍吏皆曰善遂囚建詣行在所蔡邕曰天子自謂所居曰行在所言今雖在京師行所至耳巡狩天下所奏事處皆爲宮在長安則曰奏長安宮在泰山則曰奉高宮唯

當時所在入塞罷兵是歲也大將軍姊子霍去病徐廣曰姊即少兒也年十八幸為天子侍中善騎射再從大將軍受詔與壯士為剽姚校尉索隱曰服虔音飄搖大顏案荀悅漢紀作票鷂票鷂勁疾之貌也票音頻妙反鷂音弋召反與輕勇騎八百直棄大軍數百里赴利斬捕首虜過當索隱曰案小顏云計其所將之人數則捕首虜為多過於所當也一云漢軍亡失者少而殺獲匈奴數多故曰過當也於是天子曰剽姚校尉去病斬首虜二千二十八級及相國當戶斬單于大父行籍若侯産張晏曰籍若胡侯○索隱曰行音胡浪反謂籍若侯是匈奴祖之行第産即大父之名生捕季父羅姑比索隱曰案顏氏云羅姑比單于季父名小顏云比頻也案下既云再無容更言頻也再冠軍以千六百戶封去病

為冠軍侯上谷太守郝賢四從大將軍捕斬首虜二千餘人以千一百戶封賢為衆利侯是歲失兩將軍軍亡翕侯軍功不多故大將軍不益封右將軍建至天子不誅赦其罪贖為庶人大將軍既還賜千金是時王夫人方幸於上甯乘說大將軍曰將軍所以功未甚多身食萬戶三子皆為侯者徒以皇后故也今王夫人幸而宗族未富貴願將軍奉所賜千金為王夫人親壽大將軍乃以五百金為壽天子聞之問大將軍大將軍以實言上乃拜甯乘為東海都尉張騫

從大將軍以嘗使大夏正義曰大夏國在大宛西留匈奴中久導軍知善水草處軍得以無飢渴因前使絕國功封騫博望侯冠軍侯去病既侯三歲元狩二年春以冠軍侯去病為驃騎將軍徐廣曰驃一亦作剽○正義曰漢書云霍去病征匈奴有絕幕之勳始置驃騎將軍位在三司品秩同大將軍說文云驃騎黃馬髮白色一曰髦尾將萬騎出隴西有功天子曰驃騎將軍率戎士踰烏盭漢書音義曰盭音戾山名也討遬濮索隱曰遬音速濮音卜崔浩云匈奴部落名案下有遬濮王則是國名也涉狐奴晉灼曰水名也歷五王國輜重人衆慴慴者弗取文穎曰恐懼也○索隱曰案說文云慴慴失氣也劉氏云慴式涉反慴之涉反冀獲單于子徐廣曰一作與轉戰六日過焉支山千有餘里

合短兵殺折蘭王斬盧胡王張晏曰折蘭盧胡國名也殺者殺之而已斬者獲其首○正義曰顏師古云折蘭匈奴中姓也今鮮卑有其蘭姓者即其種誅全甲徐廣曰全一作金○正義曰全甲謂具足不失落也執渾邪王子及相國都尉首虜八千餘級收休屠祭天金人如淳曰祭天為主○索隱曰案張晏云佛徒祠金人也屠音儲益封去病二千戶其夏驃騎將軍與合騎侯敖俱出北地異道博望侯張騫郎中令李廣俱出右北平異道皆擊匈奴郎中令將四千騎先至博望侯將萬騎在後至匈奴左賢王將數萬騎圍郎中令郎中令與戰二日死者過半所殺亦過當博望侯至匈奴兵引去博望侯坐行

留當斬贖爲庶人而驃騎將軍出北地已遂深入與合騎侯失道不相得驃騎將軍踰居延至祁連山捕首虜甚多天子曰驃騎將軍踰居延張晏曰水名也遂過小月氏索隱曰韋昭氏音支西域傳大月氏本居敦煌祁連間餘衆保南山遂號小月氏攻祁連山索隱曰小顏云即天山也匈奴謂天爲祁連案西河舊事謂白山即天山祁連恐非也得酋涂王張晏曰胡王也○索隱曰酋音才由反涂音徒漢書云楊武乎觻得單于單桓酋涂王此文省也以衆降者二千五百人斬首虜三萬二百級獲五王五王母單于閼氏王子五十九人相國將軍當戶都尉六十三人師大率正義曰率音律也減什三索隱曰案漢書作減什七小顏云破匈奴之師十減其七一云漢兵亡失之數下皆類此案一說爲

是也益封去病五千戶賜校尉從至小月氏爵左庶長鷹擊司馬破奴再從驃騎將軍斬遬濮王正義曰速卜二音捕稽且王索隱曰且音子余反千騎將得王王母各一人索隱曰漢書作右千騎將王然則此云千騎將是漢之將屬趙破奴得匈奴王及王母也或云右千騎將即匈奴王號也王子以下四十一人捕虜三千三百三十人前行捕虜千四百人以千五百戶封破奴爲從驃侯張晏曰從驃騎將軍有功因以爲號校尉句王高不識徐廣曰句音鉤匈奴以爲號○索隱曰案二人並匈奴人也從驃騎將軍捕呼于屠王索隱曰案三字共爲王號王子以下十一人捕虜千七百六十八人以千一百戶封不識爲宜冠侯正義曰孔文祥云從冠軍將軍

戰故冝冠從驃之類者也校尉僕多有功封爲煇渠侯索隱曰案漢表作僕明疑多是誤煇音暉也合騎侯敖坐行留不與驃騎會當斬贖爲庶人諸宿將所將士馬兵亦不如驃騎驃騎所將常選索隱曰選音宣變反謂驃騎常選擇取精兵然亦敢深入常與壯騎先其大將軍軍亦有天幸未嘗困絕也然而諸宿將常坐留落不遇索隱曰案謂遲留零落不遇合也由此驃騎日以親貴比大將軍其秋單于怒渾邪王居西方數爲漢所破亡數萬人以驃騎之兵也單于怒欲召誅渾邪王渾邪王與休屠王等謀欲降漢使人先遣使向邊境要遮漢人索隱曰案謂先於邊境要候漢人言其欲降令報天子要邊是時大行李息將城河上得渾邪王使即馳傳以聞天子聞之於是恐其以詐降而襲邊乃令驃騎將軍將兵往迎之驃騎既渡河與渾邪王衆相望渾邪王裨將見漢軍而多欲不降者頗遁去驃騎乃馳入與渾邪王相見斬其欲亡者八千人遂獨遣渾邪王乘傳先詣行在所盡將其衆渡河降者數萬號稱十萬既至長安天子所以賞賜者數十巨萬封渾邪王萬戶爲漯陰侯索隱曰漯音他合反案地理志縣名在平原封其裨王呼毒尼文穎曰胡王名爲下摩侯鷹

庇爲煇渠侯徐廣曰一云篇訾○索隱曰漢書鷹作雁庇音必二反又音疋履反案漢書功臣表
元狩二年以煇渠封僕明至三年又封鷹庇其地俱屬曹陽未詳所以○正義曰煇渠表作順梁禽棃爲
河綦侯徐廣曰禽一作烏○索隱曰案表作烏梨大當戶銅離徐廣曰一作稠離也
○索隱曰徐注與漢書功臣表同此文云銅漢書云調字又異也爲常樂侯於是天子
嘉驃騎之功曰驃騎將軍去病率師攻匈奴西
域王渾邪王及厥衆萌咸相犇率以軍糧接食
并將控弦萬有餘人誅獟駻晉灼曰獟音斯誰反○索隱曰說文獟作趬行
疾貌悍音胡旦反獲首虜八千餘級降異國之王三十二
人戰士不離傷十萬之衆咸懷集服仍與之勞
爰及河塞正義曰言匈奴右地渾耶王降而塞外並河諸郡之民無憂患也庶幾無患

幸旣永綏矣以千七百戶益封驃騎將軍減隴
西北地上郡戍卒之半以寬天下之繇居頃之
乃分徙降者邊五郡故塞外正義曰五郡謂隴西北地上郡朔方雲中並是故
塞外又在北海西南而皆在河南因其故俗爲屬國正義曰以降來之民
徙置五郡各依本國之俗而屬於漢故言屬國也其明年匈奴入右北平定
襄殺略漢千餘人其明年天子與諸將議曰翕
侯趙信爲單于畫計常以爲漢兵不能度幕輕
留索隱曰案幕即沙幕古字少耳輕留者謂匈奴以漢軍不能至故輕易留而不去也今大發士
卒其勢必得所欲是歲元狩四年也元狩四年
春上令大將軍青驃騎將軍去病將各五萬騎

步兵轉者踵軍正義曰言轉軍之士及步兵接後又數十萬人數十萬而敢力戰深入之士皆屬驃騎驃騎始爲出定襄當單于捕虜言單于東乃更令驃騎出代郡令大將軍出定襄郎中令爲前將軍太僕爲左將軍主爵趙食其爲右將軍平陽侯襄爲後將軍皆屬大將軍兵即度幕人馬凡五萬騎與驃騎等咸擊匈奴單于趙信爲單于謀曰漢兵既度幕人馬罷匈奴可坐收虜耳乃悉遠北其輜重皆以精兵待幕北而適值大將軍軍出塞千餘里見單于兵陳而待於是大將軍令武剛車孫吳兵法曰有巾有蓋謂之武剛車也自環爲營而縱五千騎往當匈奴匈奴亦縱可萬騎會日且入大風起砂礫擊面兩軍不相見漢益縱左右翼繞單于單于視漢兵多而士馬尚彊戰而匈奴不利薄暮單于遂乘六贏壯騎可數百直冒漢圍西北馳去時已昏漢匈奴相紛拏正義曰三蒼解詁云紛拏手相牽也殺傷大當索隱曰以言所殺傷大略相當漢軍左校捕虜言單于未昏而去漢軍因發輕騎夜追之大將軍軍因隨其後匈奴兵亦散走遲明正義曰上音值行二百餘里徐廣曰遲一作黎○索隱曰遲音值遲者待也待天欲明也漢書作會明諸本多作黎明鄒氏云黎遲也然黎黑也候天將明而猶黑也不

得單于頗捕斬首虜萬餘級遂至窴顏山趙信城徐廣曰窴音田得匈奴積粟食軍軍留一日而還悉燒其城餘粟以歸大將軍之與單于會也而前將軍廣右將軍食其軍別從東道或失道後擊單于大將軍引還過幕南乃得前將軍右將軍大將軍欲使使歸報令長史簿責前將軍廣廣自殺右將軍至下吏贖為庶人大將軍軍入塞凡斬捕首虜萬九千級是時匈奴衆失單于十餘日右谷蠡王聞之自立為單于索隱曰谷音禄蠡音黎又音離單于後得其衆右王乃去單于之號驃騎將軍

亦將五萬騎車重與大將軍軍等而無裨將悉以李敢等為大校當裨將出代右北平千餘里直左方兵所斬捕功已多大將軍軍既還天子曰驃騎將軍去病率師躬將所獲葷粥之士徐廣曰粥一作允駰案應劭曰所降士有材力者約輕齎絕大幕涉獲章渠徐廣曰獲一作護○索隱曰小顏云涉謂涉水也章渠單于之近臣謂涉水而破獲之漢書云涉獲單于章渠也以誅比車耆晉灼曰王號也○索隱曰比音必耳反轉擊左大將索隱曰案漢書名雙斬獲旗鼓歷涉離侯索隱曰漢書作度難侯小顏云山名歷度也濟弓閭晉灼曰水名也○索隱曰包愷弓音穹亦如字讀獲屯頭王漢書音義曰胡王號也韓王等三人徐廣曰王一作藉○索隱曰李奇云皆匈奴王號將軍相國

當戶都尉八十三人封狼居胥山禪於姑衍正義曰積土爲壇於山上封以祭天也除地曰禪登臨翰海張晏曰登海邊山以望海也○索隱曰按崔浩云北海名群鳥之所解羽故云翰海廣志在沙漠北執鹵獲醜七萬有四百四十三級師率減什三取食於敵逴行殊遠而糧不絕索隱曰逴與卓同卓遠也以五千八百戶益封驃騎將軍右北平太守路博德屬驃騎將軍會與城正義曰上音余不失期從至檮余山索隱曰檮余音桃徒斬首捕虜二千七百級以千六百戶封博德爲符離侯北地都尉邢山徐廣曰一作衛山從驃騎將軍獲王以千二百戶封山爲義陽侯故歸義因淳王復陸支樓專王伊即靬皆從驃騎將軍有功索隱曰劉氏復音伏小顏音芳福反漢書專作剸並音專小顏音之兗反靬音九言反以千三百戶封復陸支爲壯侯以千八百戶封伊即靬爲衆利侯從驃侯破奴昌武侯安稽徐廣曰姓趙故匈奴王從驃騎有功益封各三百戶校尉敢得旗鼓爲關內侯食邑二百戶索隱曰敢李廣子也校尉自爲爵大庶長索隱曰案徐自爲也軍吏卒爲官賞賜甚多而大將軍不得益封軍吏卒皆無封侯者兩軍之出塞塞閱官及私馬凡十四萬匹而復入塞者不滿三萬匹乃益置大司馬位大將軍驃騎將軍皆爲大司馬如淳曰大將軍驃騎將軍皆有大司

馬之號也○索隱曰案如淳云本無大司馬今新置耳案前謂太尉其官又省今武帝始置此位衛將軍霍驃騎皆加此官

定令令驃騎將軍秩祿與大將軍等自是之後大將軍青日退而驃騎日益貴舉大將軍故人門下多去事驃騎輒得官爵唯任安不肯驃騎將軍為人少言不泄索隱曰案孔文祥云謂質重少言膽氣在中也周仁陰重不泄其行亦同也有氣敢任索隱曰謂果敢任氣也天子嘗欲教之孫吳兵法對曰顧方略何如耳不至學古兵法天子為治第令驃騎視之對曰匈奴未滅無以家為也由此上益重愛之然少而侍中貴不省士其從軍天子為遣太官齎數十乘既還重車餘

棄粱肉而士有飢者其在塞外卒乏糧或不能自振而驃騎尚穿域蹋鞠徐廣曰穿地為營域○索隱曰鞠戲以皮為之中實以毛蹵蹋為戲也劉向別錄云蹋鞠兵勢所以陳武事知有材也三蒼云鞠毛可蹋以毛為戲故云鞠戲鞠音巨六反○正義曰按蹵鞠書有域說篇即今之打毬也黃帝所作起戰國時程武士知其材力也若講武事多此類大將軍為人仁善退讓以和柔自媚於上然天下未有稱也驃騎將軍自四年軍後三年元狩六年而卒天子悼之發屬國玄甲正義曰屬國即上分置邊五郡者也玄甲鐵甲也軍陳自長安至茂陵為冢像祁連山索隱曰案崔浩云去病破昆邪於此山故令為冢象之以旌功也姚氏案冢在茂陵東北與衛青冢並西者是青東者是去病冢上有豎石前有石馬相對又有石人也謚之并武與廣地曰景桓侯蘇林

曰景武謚也桓廣地謚也張晏曰謚法布義行剛曰景闢土服遠曰桓○索隱曰案景桓兩謚也布義行剛是武謚也辟土服遠是廣地之謚也以去病平生有武藝及廣邊地之功故云謚之并武與廣地曰景桓也子嬗代侯索隱曰嬗音市戰反嬗少字子侯上愛之幸其壯而將之居六歲元封元年嬗卒謚哀侯無子絕國除自驃騎將軍死後大將軍長子宜春侯伉坐法失侯後五歲伉弟二人陰安侯不疑及發干侯登皆坐酎金失侯失侯後二歲冠軍侯國除其後四年大將軍青卒徐廣曰元封五年謚為烈侯子伉代為長平侯自大將軍圍單于之後十四年而卒竟不復擊匈奴者以漢馬少而方南誅兩越東伐

朝鮮擊羌西南夷以故久不伐胡大將軍以其得尚平陽公主正義曰漢書云平陽侯曹壽有惡疾就國乃詔青尚平陽公主如淳云本陽信長公主為平陽侯所尚故稱平陽公主云故長平侯代侯六歲坐法失侯

左方兩大將軍及諸裨將名最索隱曰謂凡計也大將軍青凡七出擊匈奴斬捕首虜五萬餘級一與單于戰收河南地遂置朔方郡再益封凡萬一千八百戶封三子為侯侯千三百戶并之萬五千七百戶其校尉裨將以從大將軍侯者九人其裨將及校尉已為將者十四人索隱曰案漢書云為特將者十五人蓋通李廣也此李廣一人自有傳者漢書則七人自有傳八人附見七人謂李廣張騫公孫賀李蔡曹襄韓說蘇建

也

爲裨將者曰李廣自有傳無傳者曰

將軍公孫賀賀義渠人【正義曰今慶州本義渠戎國也地理志云北義渠道也】其先胡種賀父渾邪景帝時爲平曲侯【徐廣曰爲隴西太守】坐法失侯賀武帝爲太子時舍人武帝立八歲以太僕爲輕車將軍軍馬邑後四歲以輕車將軍出雲中後五歲以騎將軍從大將軍有功封爲南窌侯後一歲以左將軍再從大將軍出定襄無功後四歲以坐酎金失侯後八歲【徐廣曰元鼎六年】以浮沮將軍出五原【索隱曰沮音子餘反】二千餘里無功後八歲【徐廣曰太初二年】以太僕爲丞相封葛繹侯賀七爲將軍出擊匈奴無大功而再侯爲丞相坐子敬聲與陽石公主姦【徐廣曰陽石一云德邑】爲巫蠱族滅無後

將軍李息郁郅人【服虔曰郅音窒○索隱曰小顏音質案北地縣名也○正義曰之栗反今慶州弘化縣是】事景帝至武帝立八歲爲材官將軍軍馬邑後六歲爲將軍出代後三歲爲將軍從大將軍出朔方皆無功凡三爲將軍其後常爲大行

將軍公孫敖義渠人以郎事武帝武帝立十二歲爲驍騎將軍出代亡卒七千人當斬贖爲庶人後五歲以校尉從大將軍有功封爲合騎侯後一歲以中將軍從大將軍再出定襄無功後

二歲以將軍出北地後驃騎期當斬贖為庶人後二歲以校尉從大將軍無功後十四歲以因杅將軍築受降城（索隱曰杅音于）七歲復以因杅將軍再出擊匈奴至余吾（索隱曰余音餘又音徐案水名在朔方）亡士卒多下吏當斬詐死亡居民間五六歲後發覺復繫坐妻為巫蠱族凡四為將軍出擊匈奴一侯

將軍李沮（索隱曰音爼且之爼）雲中人（正義曰今嵐勝州也）事景帝武帝立十七歲以左內史為彊弩將軍後一歲復為彊弩將軍

將軍李蔡成紀人也（正義曰秦州縣也）事孝文帝景帝武

帝以輕車將軍從大將軍有功封為樂安侯已為丞相坐法死

將軍張次公河東人以校尉從衛將軍青有功封為岸頭侯其後太后崩為將軍軍北軍後一歲為將軍從大將軍再為將軍坐法失侯次公父隆輕車武射也以善射景帝幸近之也

將軍蘇建杜陵人以校尉從衛將軍青有功為平陵侯以將軍築朔方後四歲為游擊將軍從大將軍出朔方後一歲以右將軍再從大將軍出定襄亡翕侯失軍當斬贖為庶人其後為代

郡太守卒家在大猶鄉

将軍趙信以匈奴相國降爲翕侯武帝立十七歲爲前将軍與單于戰敗降匈奴

将軍張騫以使通大夏還爲校尉從大将軍有功封爲博望侯三歲爲将軍出右北平失期當斬贖爲庶人其後使通烏孫爲大行而卒家在漢中

将軍趙食其祋祤人也索隱曰縣名在馮翊祋音都活反又音丁外反祤音詡○正義曰上都誨反雍州同官縣本漢祋祤縣也武帝立二十二歲以主爵爲右将軍從大将軍出定襄迷失道當斬贖爲庶人

将軍曹襄以平陽侯爲後将軍從大将軍出定襄襄曹參孫也将軍韓説弓高侯庶孫也以校尉從大将軍有功爲龍頟侯坐酎金失侯元鼎六年以待詔爲横海将軍擊東越有功爲按道侯以太初三年爲游擊将軍屯於五原外列城爲光禄勳掘蠱太子宮衛太子殺之

将軍郭昌雲中人也以校尉從大将軍元封四年以太中大夫爲拔胡将軍屯朔方還擊昆明毋功奪印

將軍荀彘太原廣武人以御見〔正義曰以善御求見也〕侍中爲校尉數從大將軍以元封三年爲左將軍擊朝鮮無功以捕樓船將軍坐法死最驃騎將軍去病凡六出擊匈奴其四出以將軍〔徐廣曰再出以剽姚校尉也〕斬捕虜首十一萬餘級及渾邪王以衆降數萬遂開河西酒泉之地〔正義曰河謂隴右蘭州之西河也謂涼肅等州漢書西域傳云驃騎將軍擊破匈奴右地置酒泉郡後分置武威張掖敦煌等郡〕西方益少胡寇四益封凡萬五千一百戸其校吏有功爲侯者凡六人而後爲將軍二人

將軍路博德平州人〔正義曰漢書云西河平州按西河郡今汾州〕以右北

平太守從驃騎將軍有功爲符離侯驃騎死後博德以衛尉爲伏波將軍伐破南越益封其後坐法失侯爲彊弩都尉屯居延卒

將軍趙破奴故九原人〔正義曰今勝州〕嘗亡入匈奴已而歸漢爲驃騎將軍司馬出北地時有功封爲從驃侯坐酎金失侯後一歲爲匈河將軍攻胡至匈河水無功後二歲〔徐廣曰元封二年〕擊虜樓蘭王復封爲浞野侯後六歲〔徐廣曰太初二年〕爲浚稽將軍將二萬騎擊匈奴左賢王左賢王與戰兵八萬騎圍破奴生爲虜所得遂沒其軍居匈奴中十

歲復與其太子安國亡入漢徐廣曰以太初二年入匈奴天漢元年亡歸涉四年後坐巫蠱族

自衛氏興大將軍青首封其後枝屬爲五侯凡二十四歲而五侯盡奪衛氏無爲侯者

太史公曰蘇建語余曰吾嘗責大將軍至尊重而天下之賢大夫毋稱焉索隱曰謂不爲賢士大夫所稱譽願將軍觀古名將所招選擇賢者勉之哉大將軍謝曰自魏其武安之厚賓客天子常切齒彼親附士大夫招賢絀不肖者人主之柄也人臣奉法遵職而已何與招士索隱曰與音預驃騎亦放此意其爲將如此

索隱述贊曰

君子豹變　貴賤何常　青本奴虜
忽擢戎行　姊配皇極　身尚平陽
寵榮斯僭　取亂彝章　剽姚繼踵
再靜邊方

衛將軍驃騎列傳第五十一　史記百一十一

平津侯主父列傳第五十二　史記百一十二

丞相公孫弘者齊菑川國薛縣人也（索隱曰案薛縣本屬魯漢置菑川國後割入齊也。正義曰表云菑川國文帝分齊置都劇括地志云故劇城在青州壽光縣南三十一里故薛城在徐州滕縣界地理志云薛縣屬魯國按薛與劇隔兖州及太山未詳公孫弘墓又在青州北魯縣西二十里也）字季少時為薛獄吏有辠免家貧牧豕海上年四十餘乃學春秋雜說養後母孝謹建元元年天子初即位招賢良文學之士是時弘年六十徵以賢良為博士使匈奴還報不合上意上怒以為不能弘廼病免歸元光五年有詔徵文學菑川國復推上公孫弘弘讓謝國人曰臣已嘗西

應命以不能罷歸願更推選國人固推弘弘至太常太常令所徵儒士各對策百餘人弘第居下策奏天子擢弘對為第一召入見狀貌甚麗拜為博士是時通西南夷道置郡巴蜀民苦之詔使弘視之還奏事盛毀西南夷無所用上不聽弘為人恢奇多聞常稱以為人主病不廣大人臣病不儉節弘為布被食不重肉後母死服喪三年每朝會議開陳其端令人主自擇不肯面折庭爭於是天子察其行敦厚辯論有餘習文法吏事而又緣飾以儒術上大說之（索隱曰謂以儒術飾）

文法如衣服之有領緣以爲飾也二歲中徐廣曰一云一歲至左內史弘奏事有不可不庭辯之嘗與主爵都尉汲黯請間汲黯先發之弘推其後天子常說所言皆聽以此日益親貴嘗與公卿約議至上前皆倍其約以順上旨汲黯庭詰弘曰齊人多詐而無情實始與臣等建此議今皆倍之不忠上問弘弘謝曰夫知臣者以臣爲忠不知臣者以臣爲不忠上然弘言左右幸臣每毀弘上益厚遇之元朔三年張歐免以弘爲御史大夫是時通西南夷東置滄海北築朔方之郡弘數諫以爲罷敝

中國以奉無用之地願罷之於是天子乃使朱買臣等難弘置朔方之便發十策弘不得一韋昭曰以弘之才非不能得一也以爲不可不敢逆上耳○正義曰顏師古曰言其利害十條弘無以應弘迺謝曰山東鄙人不知其便若是願罷西南夷滄海而專奉朔方上乃許之汲黯曰弘位在三公奉祿甚多然爲布被此詐也上問弘弘謝曰有之夫九卿與臣善者無過黯然今日庭詰弘誠中弘之病夫以三公爲布被誠飾詐欲以釣名且臣聞管仲相齊有三歸侈擬於君桓公以霸亦上僭於君晏嬰相景公食不重肉妾不衣絲齊

國亦治此下比於民索隱曰比音阜比者近也小顏音比方之比今臣弘位爲御史大夫而爲布被自九卿以下至於小吏無差誠如汲黯言且無汲黯忠陛下安得聞此言天子以爲謙讓愈益厚之卒以弘爲丞相封平津侯徐廣曰大臣表曰元朔五年十一月乙丑公孫弘爲丞相功臣表曰元朔三年十一月乙丑封平津侯駰案漢書高成之平津鄉也○索隱曰案漢書曰漢興皆以列侯爲丞相弘本無爵乃詔封弘高成之平津鄉六百五十戶爲平津侯丞相封侯自弘始也弘爲人意忌外寬內深索隱曰謂弘外寬內深意多有忌害也諸嘗與弘有郤者雖詳與善陰報其禍殺主父偃徙董仲舒於膠西皆弘之力也食一肉脫粟之飯索隱曰案一肉言不兼味也脫粟纔脫穀而已言不精鑿也故人

所善賓客仰衣食弘奉祿皆以給之家無所餘士亦以此賢之淮南衡山謀反治黨與方急弘病甚自以爲無功而封位至丞相宜佐明主塡撫國家使人由臣子之道今諸侯有畔逆之計此皆宰相奉職不稱恐竊病死無以塞責索隱曰案人臣委質於君死生由君臣若一朝病死是竊死也乃上書曰臣聞天下之通道五所以行之者三索隱曰案此語出子思子今見禮中庸篇曰君臣父子兄弟夫婦長幼之序此五者天下之通道也智仁勇此三者天下之通德所以行之者也故曰力行近乎仁好問近乎智知恥近乎勇知此三

者則知所以自治知所以自治然後知所以治人天下未有不能自治而能治人者也此百世不易之道也今陛下躬行大孝鑒三王建周道兼文武厲賢予祿（徐廣曰厲一作廣也）量能授官今臣弘罷駑之質無汗馬之勞陛下過意擢臣弘卒伍之中封為列侯致位三公臣弘行能不足以稱素有負薪之病恐先狗馬填溝壑終無以報德塞責願歸侯印乞骸骨避賢者路天子報曰古者賞有功褒有德守成尚文遭遇右武（索隱曰小顏云右亦上也言遭遇亂時則上武也）未有易此者也朕宿昔庶幾獲承尊

位懼不能寧惟所與共為治者君宜知之蓋君子善善惡惡君宜知之君若謹行常在朕躬君不幸罹霜露之病何恙不已（漢書音義曰何恙喻小疾不以時愈。索隱曰恙憂也以言罹霜露寒凉之疾輕何憂於病不止禮曰疾止復初也）廼上書歸侯乞骸骨是章朕之不德也今事少閒君其省思慮一精神輔以醫藥因賜告牛酒雜帛居數月病有瘳視事元狩二年弘病竟以丞相終（漢書曰年八十。索隱曰案弘凡為御史丞相六歲年八十終）子度嗣為平津侯度為山陽太守十餘歲坐法失侯（索隱曰漢書云坐不遣鉅野令史成詣公車論為城旦元始中詔復弘後為關內侯也）

主父偃者齊臨菑人也學長短縱横之術晚乃學易春秋百家言游齊諸生間莫能厚遇也齊諸儒生相與排擯不容於齊家貧假貸無所得迺北游燕趙中山皆莫能厚遇爲客甚困孝武元光元年中以爲諸侯莫足游者乃西入關見衛將軍衛將軍數言上上不召資用乏留久諸公賓客多厭之乃上書闕下朝奏暮召入見所言九事其八事爲律令一事諫伐匈奴其辭曰臣聞明主不惡切諫以博觀忠臣不敢避重誅以直諫是故事無遺策而功流萬世今臣不敢

隱忠避死以效愚計願陛下幸赦而少察之司馬法曰國雖大好戰必亡天下雖平忘戰必危天下既平天子大凱應劭曰大凱周禮還師振旅之樂春蒐秋獮諸侯春振旅秋治兵所以不忘戰也宋均曰春秋少陽少陰氣弱未全須人功而後用士庶法之教而後成宗仁本義天子諸侯必春秋講武簡閱車徒以順時氣不忘戰也且夫怒者逆德也兵者凶器也爭者末節也古之人君一怒必伏尸流血故聖王重行之夫務戰勝窮武事者未有不悔者也昔秦皇帝任戰勝之威蠶食天下并吞戰國海內爲一功齊三代務勝不休欲攻匈奴李斯諫曰不可夫匈奴無

城郭之居委積之守遷徙鳥舉難得而制也輕兵深入糧食必絕踵糧以行重不及事得其地不足以爲利也遇其民不可役而守也勝必殺之非民父母也靡獘中國快心匈奴非長策也索隱曰靡音糜獘猶惕敝也秦皇帝不聽遂使蒙恬將兵攻胡辟地千里以河爲境地固澤徐廣曰一作斥鹹鹵瓚曰其地多水澤又有鹵不生五穀然後發天下丁男以守北河暴兵露師十有餘年死者不可勝數終不能踰河而北是豈人衆不足兵革不備哉其勢不可也又使天下蜚芻輓粟文穎曰轉芻穀就戰是也起於東腄徐廣曰腄在東萊音縋○索隱曰腄音逐瑞反注音縋其音同也琅邪負海之郡轉輸北河率三十鍾而致一石男子疾耕不足於糧饟女子紡績不足於帷幕百姓靡敝孤寡老弱不能相養道路死者相望蓋天下始畔秦也及至高皇帝定天下略地於邊聞匈奴聚於代谷之外而欲擊之御史成進諫曰不可夫匈奴之性獸聚而鳥散從之如搏影今以陛下盛德攻匈奴臣竊危之高帝不聽遂北至於代谷果有平城之圍高皇帝蓋悔之甚乃使劉敬往結和親之約然後天下忘干戈之事故兵法曰興師十

萬日費千金夫秦常積衆暴兵數十萬人雖有覆軍殺將係虜單于之功亦適足以結怨深讎不足以償天下之費夫上虛府庫下敝百姓甘心於外國非完事也夫匈奴難得而制非一世也行盜侵驅所以爲業也天性固然上及虞夏殷周固弗程督禽獸畜之不屬爲人夫上不觀虞夏殷周之統而下循近世之失此臣之所大憂百姓之所疾苦也且夫兵久則變生事苦則慮易乃使邊境之民靡敝愁苦而有離心將吏相疑而外市張晏曰與外國交求利已若章邯之比故尉佗章邯得以成其私也夫秦政之所以不行者權分乎二子此得失之效也故周書曰安危在出令存亡在所用願陛下詳察之少加意而孰慮焉是時趙人徐樂齊人嚴安俱上書言世務各一事索隱曰樂音岳嚴本姓莊者明帝諱後並改姓嚴也安及徐樂並拜郎中樂後爲中大夫徐樂曰臣聞天下之患在於土崩不在於瓦解古今一也何謂土崩秦之末世是也陳涉無千乘之尊尺土之地身非王公大人名族之後無鄉曲之譽非有孔墨曾子之賢陶朱猗頓之富也然起窮巷奮棘矜矜音勤偏袒大呼而天下從風此其故何

也由民困而主不恤下怨而上不知也俗已亂而政不脩此三者陳涉之所以爲資也是之謂土崩故曰天下之患在於土崩何謂瓦解吳楚齊趙之兵是也七國謀爲大逆號皆稱萬乘之君帶甲數十萬威足以嚴其境內財足以勸其士民然不能西攘尺寸之地而身爲禽於中原者此其故何也非權輕於匹夫而兵弱於陳涉也當是之時先帝之德澤未衰而安土樂俗之民衆故諸侯無境外之助此之謂瓦解故曰天下之患不在瓦解由是觀之天下誠有土崩之

勢雖布衣窮處之士或首惡而危海內陳涉是也況三晉之君或存乎天下雖未有大治也誠能無土崩之勢雖有彊國勁兵不得旋踵而身爲禽矣吳楚齊趙是也況群臣百姓能爲亂乎哉此二體者安危之明要也賢主所留意而深察也間者關東五穀不登年歲未復民多窮困重之以邊境之事推數循理而觀之則民且有不安其處者矣不安故易動易動者土崩之勢也故賢主獨觀萬化之原明於安危之機脩之廟堂之上而銷未形之患其要期使天下無土

也由民困而主不恤下怨而上不知俗已亂而政不脩此三者陳涉之所以為資也是之謂土崩故曰天下之患在乎土崩何謂瓦解吳楚齊趙之兵是也七國謀為大逆號皆稱萬乘之君帶甲數十萬威足以嚴其境內財足以勸其士民然不能西攘尺寸之地而身為禽於中原者此其故何也非權輕於匹夫而兵弱於陳涉也當是之時先帝之德澤未衰而安土樂俗之民眾故諸侯無竟外之助此之謂瓦解故曰天下之患不在瓦解由是觀之天下誠有土崩之

勢雖布衣窮處之士或首難而危海內陳涉是也況三晉之君或存乎天下雖未有大治也誠能無土崩之勢雖有彊國勁兵不得旋踵而身為禽矣吳楚齊趙是也況群臣百姓能為亂乎哉此二體者安危之明要也賢主所留意而深察也間者關東五穀不登年歲未復民多窮困重之以邊境之事推數循理而觀之則民且有不安其處者矣不安故易動易動者土崩之勢也故賢主獨觀萬化之原明於安危之機脩之廟堂之上而銷未形之患其要期使天下無土

崩之勢而已矣故雖有彊國勁兵陛下逐走獸射蜚鳥弘游燕之囿淫縱恣之觀極馳騁之樂自若也金石絲竹之聲不絕於耳帷帳之私俳優侏儒之笑不乏於前而天下無宿憂名何必湯武俗何必成康雖然臣竊以爲陛下天然之聖寬仁之資而誠以天下爲務則湯武之名不難侔而成康之俗可復興也此二體者立然後處尊安之實揚名廣譽於當世親天下而服四夷餘恩遺德爲數世隆南面負扆攝袂而揖王公此陛下之所服也臣聞圖王不成其敝足以

安安則陛下何求而不得何爲而不成何征而不服乎哉嚴安上書曰臣聞周有天下其治三百餘歲成康其隆也刑錯四十餘年而不用及其衰也亦三百餘歲故五伯更起五伯者常佐天子興利除害誅暴禁邪匡正海內以尊天子五伯既沒賢聖莫續天子孤弱號令不行諸侯恣行彊陵弱衆暴寡田常篡齊六卿分晉並爲戰國此民之始苦也於是彊國務攻弱國備守合從連横馳車擊轂介胄生蟣蝨民無所告愬及至秦王蠶食天下并吞戰國稱號曰皇帝一

海內之政壞諸侯之城銷其兵鑄以為鍾虡（索隱曰虡音巨鄒氏本作鐻音同）示不復用元元黎民得免於戰國逢明天子人人自以為更生鄉使秦緩其刑罰薄賦斂省繇役貴仁義賤權利上篤厚下智巧（索隱曰上猶尚也貴也下謂以智巧為下也）變風易俗化於海內則世世必安矣秦不行是風而循其故俗為智巧權利者進篤厚忠信者退法嚴政峻諂諛者衆日聞其美意廣心軼欲肆威海外乃使蒙恬將兵以北攻胡辟地進境戍於北河蜚芻輓粟以隨其後又使尉佗屠睢（索隱曰案尉官也佗趙佗也音徒何反屠睢人姓名睢音雖）將

樓船之士南攻百越使監祿（韋昭曰監御史名祿也）鑿渠運糧深入越越人遁逃曠日持久糧食絕乏越人擊之秦兵大敗秦乃使尉佗將卒以戍越當是時秦禍北構於胡南挂於越宿兵無用之地進而不得退行十餘年丁男被甲丁女轉輸苦不聊生自經於道樹死者相望及秦皇帝崩天下大叛陳勝吳廣舉陳（索隱曰謂勝廣舉兵據陳舉音如字或音據恐疎也下同）武臣張耳舉趙項梁舉吳田儋舉齊景駒舉郢周市舉魏韓廣舉燕窮山通谷豪士並起不可勝載也然皆非公侯之後非長官之吏也無尺寸

之勢起閭巷杖棘矜應時而皆動不謀而俱起
不約而同會壤長地進張晏曰壤進益也至于霸王時教
使然也秦貴爲天子富有天下滅世絶祀者窮
兵之禍也故周失之弱秦失之彊不變之患也
今欲招南夷朝夜郎降羌僰略濊州如淳曰東夷也○索隱曰
僰音白北反又皮逼反濊州地名即古濊陌國也音紆發反建城邑深入匈奴燔
其龍城索隱曰匈奴城名音龍燔音煩燔燒也議者美之此人臣之
利也非天下之長策也今中國無狗吠之驚而
外累於遠方之備靡敝國家非所以子民也行
無窮之欲甘心快意結怨於匈奴非所以安邊

也禍結而不解兵休而復起近者愁苦遠者驚
駭非所以持久也今天下鍜甲砥劒橋箭累弦
轉輸運糧未見休時此天下之所共憂也夫兵
久而變起事煩而慮生今外郡之地或幾千里
列城數十形束壤制服虔曰言所束在郡守土壤足以專民制蘇林曰言其土地形勢足
以束制其民也○索隱曰案謂地形及土壤皆束制在諸侯也旁脅諸侯非公室之
利也上觀齊晉之所以亡者公室卑削六卿大
盛也下觀秦之所以滅者嚴法刻深欲大無窮
也今郡守之權非特六卿之重也地幾千里非
特閭巷之資也甲兵器械非特棘矜之用也以

遺萬世之變則不可稱諱也書奏天子天子召見三人謂曰公等皆安在何相見之晚也徐廣曰佗史記本皆不見嚴安此旁所纂者取漢書耳然漢書不宜乃容大異或寫史記相承闕脫也○索隱曰纂音撰於是上乃拜主父偃徐樂嚴安爲郎中數見上疏言事詔拜偃爲謁者遷樂爲中大夫一歲中四遷偃偃說上曰古者諸侯不過百里彊弱之形易制今諸侯或連城數十地方千里緩則驕奢易爲淫亂急則阻其彊而合從以逆京師今以法割削之則逆節萌起前日朝錯是也今諸侯子弟或十數而適嗣代立餘雖骨肉無尺寸地封

則仁孝之道不宣願陛下令諸侯得推恩分子弟以地侯之彼人人喜得所願上以德施實分其國不削而稍弱矣於是上從其計徐廣曰元朔二年始令諸侯王分封子弟也又說上曰茂陵初立天下豪桀并兼之家亂衆之民皆可徙茂陵內實京師外銷姦猾此所謂不誅而害除上又從其計尊立衛皇后及發燕王定國陰事偃有功焉大臣皆畏其口賂遺累千金人或說偃曰太橫矣主父曰臣結髮游學四十餘年身不得遂親不以爲子昆弟不收賓客棄我我阸日久矣且丈夫生不五鼎

食死即五鼎烹耳吾日暮途遠故倒行暴施之（索隱曰按偃言吾日暮塗遠恐赴前塗不跌故須倒行而逆施乃可及耳今此本作暴暴者言已困久得申當須急暴行事以快意也暴者卒也急也）偃盛言朔方地肥饒外阻河蒙恬城之以逐匈奴内省轉輸戍漕廣中國滅胡之本也上覽其說下公卿議皆言不便公孫弘曰秦時常發三十萬衆築北河終不可就已而棄之主父偃盛言其便上竟用主父計立朔方郡元朔二年主父言齊王内淫佚行僻上拜主父為齊相至齊遍召昆弟賓客散五百金予之數之曰始吾貧時昆弟不我衣食賓客不我内門今吾相齊諸君迎我或千里吾與諸君絶矣毋復入偃之門乃使人以王與姊姦事動王王以為終不得脫罪恐效燕王論死乃自殺有司以聞主父始為布衣時嘗游燕趙及其貴發燕事趙王恐其為國患欲上書言其陰事為偃居中不敢發及為齊相出關即使人上書告言主父偃受諸侯金以故諸侯子弟多以得封者及齊王自殺上聞大怒以為主父劫其王令自殺乃徵下吏治主父服受諸侯金實不劫王令自殺上欲勿誅是時公孫弘為御史大夫乃言曰齊

王自殺無後國除爲郡入漢主父偃本首惡陛下不誅主父偃無以謝天下乃遂族主父偃主父方貴幸時賓客以千數及其族死無一人收者唯獨洨孔車徐廣曰孔車洨人也沛有洨縣　索隱曰洨戶交反車尺奢反收葬之天子後聞之以爲孔車長者也

太史公曰公孫弘行義雖修然亦遇時漢興八十餘年矣徐廣曰漢初至元朔二年八十年也上方鄉文學招俊乂以廣儒墨弘爲舉首主父偃當路諸公皆譽之及名敗身誅士爭言其惡悲夫太皇太后詔大司徒大司空徐廣曰此詔是平帝元始中王元后詔後人寫此及班固所稱以續卷後○索隱曰案廣所云則又非褚先生所録也蓋聞治國之道富民爲始富民之要在於節儉孝經曰安上治民莫善於禮禮與奢也寧儉昔者管仲相齊相霸諸侯有九合一匡之功而仲尼謂之不知禮以其奢泰侈擬於君故也夏禹卑宮室惡衣服後聖不循由此言之始之盛也德優矣莫高於儉儉化俗民則尊卑之序得而骨肉之恩親爭訟之原息斯乃家給人足刑錯之本也歟可不務哉夫三公者百寮之率萬民之表也未有樹直表而得曲影者也孔子不云乎子率而正孰敢不正舉善而教

不能則勸維漢興以來股肱宰臣身行儉約輕財重義較然著明（索隱曰較音角較明也）未有若故丞相平津侯公孫弘者也位在丞相而爲布被脫粟之飯不過一肉故人所善賓客皆分奉祿以給之無有所餘誠內自克約而外從制汲黯詰之乃聞于朝此可謂減於制度（應劭曰禮貴有常尊衣服有常品）而可施行者也德優則行否則止與內奢泰而外爲詭服以釣虛譽者殊科以病乞骸骨孝武皇帝即制曰賞有功襃有德善善惡惡君宜知之其省思慮存精神輔以醫藥賜告治病牛酒雜帛居數月有瘳視事至元狩二年竟以善終至相位夫知臣莫若君此其效也弘子度嗣爵後爲山陽太守坐法失侯夫表德章義所以率俗厲化聖王之制不易之道也其賜弘後子孫之次當爲後者爵關內侯食邑三百户徵詣公車上名尚書朕親臨拜焉

班固稱曰公孫弘卜式兒寬皆以鴻漸之翼困於燕雀（索隱李奇曰漸進也鴻一舉而進千里者羽翼之材也弘等皆以大材初爲俗所薄若燕雀不知鴻鵠之志也○索隱曰案謂公孫弘等未遇爲時所輕若飛鴻之未漸受困於燕雀也）遠迹羊豕之間（韋昭曰遠跡謂耕牧在於遠方○索隱曰案公孫牧豕卜式牧羊也）非遇其時焉能致此

位乎是時漢興六十餘載海內乂安（索隱曰乂理也）府庫充實而四夷未賓制度多闕上方欲用文武求之如弗及始以蒲輪迎枚生（索隱曰案謂枚乘也漢始詔申公亦以蒲輪謂以蒲裹車輪恐傷草木也且蒲是草之美者故禮有蒲璧蓋或畫繢以爲榮飾也）見主父而歎息（索隱曰案上文嚴安等上書上曰公等安在何相見之晚者是也）羣臣慕嚮異人並出卜式試於芻牧弘羊擢於賈豎衛青奮於奴僕日磾出於降虜斯亦曩時版築飯牛之明矣漢之得人於茲爲盛儒雅則公孫弘董仲舒兒寬篤行則石建石慶質直則汲黯卜式推賢則韓安國鄭當時定令則趙禹張湯文章則司

馬遷相如滑稽則東方朔枚皐應對則嚴助朱買臣歷數則唐都落下閎協律則李延年運籌則桑弘羊奉使則張騫蘇武將帥則衛青霍去病受遺則霍光金日磾其餘不可勝紀是以興造功業制度遺文後世莫及孝宣承統纂修洪業亦講論六藝招選茂異而蕭望之梁丘賀夏侯勝韋玄成嚴彭祖尹更始以儒術進劉向王褒以文章顯將相則張安世趙充國魏相邴吉于定國杜延年治民則黃霸王成龔遂鄭弘邵信臣韓延壽尹翁歸趙廣漢之屬皆有功迹見

述於後累其名臣亦其次也

索隱述贊曰

平津巨儒　晚年始遇　外示寬儉

內懷嫉妬　寵備榮爵　身受肺腑

主父推恩　觀時設度　生食五鼎

死非時蠹

平津侯主父列傳第五十二　史記百一十二

南越尉佗列傳第五十三　史記一百一十三

南越王正義曰都廣州南海縣尉佗者眞定人也索隱曰尉官也佗名也姓趙佗音徒河反又十三州記云大郡曰守小郡曰尉韋昭云眞定故郡名後更爲縣在常山也姓趙氏秦時巳并天下略定楊越張晏曰楊州之南越也○索隱曰案戰國策云吳起爲楚收楊越○正義曰夏禹九州本屬楊州故云楊越置桂林南海象郡索隱曰地理志武帝更名桂林曰鬱林秦本紀始皇三十三年略陸梁地以爲南海鬱林象郡地理志云武帝更名曰南以謫徙民索隱曰謫音陟革反與越雜處十三歲徐廣曰秦并天下至二世元年十三年并天下八歲乃平越地至二世元年六年耳佗秦時用爲南海龍川令索隱曰地理志云龍川屬南海也○正義曰顏師古云龍川南海縣也即今之循州也裴氏廣州記云本博羅縣之東鄉有龍穿地而出即穴流東泉因以爲號也至二世時南海尉任囂病且死徐廣曰爾時未言都尉也○索隱曰囂音五刀反召龍川令趙佗語曰聞陳勝等作亂秦爲無道天下苦之項羽劉季陳勝吳廣等州郡各共興軍聚衆虎爭天下中國擾亂未知所安豪傑畔秦相立南海僻遠吾恐盜兵侵地至此吾欲興兵絕新道索隱曰案蘇林云秦所通越道自備待諸侯變會病甚且番禺負山險阻南海東西數千里頗有中國人相輔此亦一州之主也可以立國郡中長吏無足與言者故召公告之即被佗書韋昭曰被之以書音光被之被○索隱曰被音皮義反行南海尉事索隱曰服虔云囂詐詔書使爲南海尉囂死佗即移檄告橫浦陽山

湟谿關曰徐廣曰在桂陽通四會也○索隱曰案南康記云南野大庾嶺三十里至橫浦有秦時關其下謂爲塞上姚氏案地理志云桂陽有陽山縣今此縣上流百餘里有騎田嶺當是陽山關鄒氏劉氏本湟並作涅音年結反漢書作湟谿音皇又衛青傳云出桂陽下湟水是而姚察云史記作匯今本有湟涅及匯不同蓋由隨見輒改故也水經云含匯縣南有匯浦關未知孰是然鄒誕作涅漢書作湟蓋近於古盜兵且至急絕道聚兵自守因稍以法誅秦所置長吏以其黨爲假守索隱曰案謂佗立其所黨爲郡縣之職或假守也秦已破滅佗即擊幷桂林象郡自立爲南越武王韋昭曰生以武爲號不稽於古也高帝已定天下爲中國勞苦故釋佗弗誅漢十一年遣陸賈因立佗爲南越王與剖符通使和集百越毋爲南邊患害與長沙接境高后時有

司請禁南越關市鐵器佗曰高帝立我通使物今高后聽讒臣別異蠻夷隔絕器物此必長沙王計也欲倚中國擊滅南越而幷王之自爲功也於是佗乃自尊號爲南越武帝發兵攻長沙邊邑敗數縣而去焉高后遣將軍隆慮侯竈往擊之索隱曰韋昭云竈姓周隆慮縣名屬河內音林閭會暑溼士卒大疫兵不能踰嶺索隱曰案即陽山嶺也歲餘高后崩即罷兵佗因此以兵威邊財物賂遺閩越西甌駱役屬焉漢書音義曰駱越也○索隱曰姚氏案廣州記云交趾有駱田仰潮水上下人食其田名爲駱侯諸縣自名爲駱將銅印青綬即今之令後蜀王子將兵討駱侯自稱爲安陽王治封溪縣後南越王尉佗攻破安陽王令二使典主交趾九眞二

(郡即甌駱也)東西萬餘里乘黃屋左纛稱制與中國侔及孝文帝元年初鎮撫天下使告諸侯四夷從代來即位意喻盛德焉乃爲佗親冢在眞定置守邑歲時奉祀召其從昆弟尊官厚賜寵之詔丞相陳平等舉可使南越者平言好時陸賈先帝時習使南越迺召賈以爲太中大夫往使因讓佗自立爲帝曾無一介之使報者陸賈至南越王甚恐爲書謝稱曰蠻夷大長老夫臣佗前日高后隔異南越竊疑長沙王讒臣又遥聞高后盡誅佗宗族掘燒先人冢以故自棄犯長

沙邊境且南方卑溼蠻夷中閒其東閩越千人衆號稱王其西甌駱裸國亦稱王(索隱曰裸音和寡反裸露形也)老臣妄竊帝號聊以自娛豈敢以聞天王哉乃頓首謝願長爲藩臣奉貢職於是乃下令國中曰吾聞兩雄不俱立兩賢不並世皇帝賢天子也自今以後去帝制黃屋左纛陸賈還報孝文帝大說遂至孝景時稱臣使人朝請然南越其居國竊如故號名其使天子稱王朝命如諸侯至建元四年卒佗孫胡爲南越王(徐廣曰皇甫謐曰越王趙佗以建元四年卒爾時漢興七十年佗蓋百歲矣)此時閩越王郢興兵擊南越

邊邑胡使人上書曰兩越俱爲藩臣毋得擅興兵相攻擊今閩越興兵侵臣臣不敢興兵唯天子詔之於是天子多南越義守職約爲興師遣兩將軍往討閩越（索隱曰王恢韓安國）兵未踰嶺閩越王弟餘善殺郢以降於是罷兵天子使莊助往諭意南越王胡頓首曰天子乃爲臣興兵討閩越死無以報德遣太子嬰齊入宿衛謂助曰國新被寇使者行矣胡方日夜裝入見天子助去後其大臣諫胡曰漢興兵誅郢亦行以驚動南越且先王昔言事天子期無失禮要之不可以說好

語入見（索隱曰漢書悅作怵韋昭云誘怵好語）入見則不得復歸亡國之勢也於是胡稱病竟不入見後十餘歲胡實病甚太子嬰齊請歸胡薨謚爲文王嬰齊代立即藏其先武帝璽（索隱曰李邵云藏其僭號之璽也）嬰齊其入宿衛在長安時取邯鄲樛氏女生子興（徐廣曰一作典○索隱曰樛音紀虬反樛姓出邯鄲）及即位上書請立樛氏女爲后興爲嗣漢數使使者風諭嬰齊嬰齊尚樂擅殺生自恣懼入見要用漢法比內諸侯固稱病遂不入見遣子次公入宿衛嬰齊薨謚爲明王太子興代立其母爲太后太后自未爲嬰齊姬時嘗

與霸陵人安國少季通〔索隱曰安國姓也少季名也〕及嬰齊薨後元鼎四年漢使安國少季往諭王王太后以入朝比內諸侯令辯士諫大夫終軍等宣其辭勇士魏臣等輔其缺〔徐廣曰一作決〕衛尉路博德將兵屯桂陽待使者王年少太后中國人也嘗與安國少季通其使復私焉國人頗知之多不附太后太后恐亂起亦欲倚漢威數勸王及羣臣求內屬即因使者上書請比內諸侯三歲一朝除邊關於是天子許之賜其丞相呂嘉銀印及內史中尉太傅印餘得自置除其故黥劓刑用漢法

比內諸侯使者皆留塡撫之王王太后飭治行裝重齎爲入朝具其相呂嘉年長矣相三王宗族官仕爲長吏者七十餘人男盡尚王女女盡嫁王子兄弟宗室及蒼梧秦王有連〔漢書音義曰蒼梧越中王自名爲秦王連親婚也○索隱曰案蒼梧秦王即下趙光是也有連者連姻也趙與秦同姓故稱秦王〕其居國中甚重越人信之多爲耳目者得衆心愈於王王之上書數諫止王弗聽有畔心數稱病不見漢使者使者皆注意嘉勢未能誅王王太后亦恐嘉等先事發乃置酒介漢使者權〔韋昭曰恃使者爲介胄也○索隱曰志林云介者因也欲因使者權誅呂嘉也韋昭以介爲恃介者間也以言間恃漢使之權意即得矣然云〕

持爲介胄則非也虞喜以介爲因亦有所由案介者賓主所由也謀誅嘉等使者皆東鄉太后南鄉王北鄉相嘉大臣皆西鄉侍坐飲嘉弟爲將將卒居宮外酒行太后謂嘉曰南越內屬國之利也而相君苦不便者何也以激怒使者使者狐疑相杖遂莫敢發嘉見耳目非是即起而出太后怒欲鏦嘉以矛韋昭曰鏦撞也○索隱曰案字林鏦音七凶反又吳王濞傳鏦殺吳王与此同王止太后嘉遂出分其弟兵就舍索隱曰案謂分取其兵也漢書作介介被也持也稱病不肯見王及使者乃陰與大臣作亂王素無意誅嘉嘉知之以故數月不發太后有淫行國人不附欲獨誅嘉

等力又不能天子聞嘉不聽王王太后弱孤不能制使者怯無決又以爲王王太后已附漢獨呂嘉爲亂不足以興兵欲使莊參以二千人往使參曰以好往數人足矣以武往二千人無足以爲也辭不可天子罷參也郟壯士徐廣曰縣屬潁川音古洽反○正義曰今汝州郟城縣故濟北相韓千秋奮曰以區區之越又有王太后應獨相呂嘉爲害願得勇士二百人必斬嘉以報於是天子遣千秋徐廣曰爲校尉與王太后弟樛樂將二千人往入越境呂嘉等乃遂反下令國中曰王年少太后中國人也又與

使者亂專欲內屬盡持先王寶器入獻天子以自媚多從人行至長安虜賣以為僮僕取自脫一時之利無顧趙氏社稷為萬世慮計之意乃與其弟將卒攻殺王太后及漢使者遣人告蒼梧秦王及其諸郡縣立明王長男越妻子術陽侯建德為王徐廣曰元鼎四年以南越王兄越封高昌侯○索隱曰案功臣表術陽屬下邳而韓千秋兵入破數小邑其後越直開道給食未至番禺四十里越以兵擊千秋等遂滅之使人函封漢使者節置塞上索隱曰案南康記以為大庾嶺名塞上也好為謾辭謝罪發兵守要害處於是天子曰韓千秋

雖無成功亦軍鋒之冠封其子延年為成安侯索隱曰案功臣表成安屬郟樛樂其姊為王太后首願屬漢封其子廣德為龍亢侯索隱曰案龍亢屬譙国漢書作龒侯服虔作邛晉灼云龒古龍字乃下赦曰天子微諸侯力政譏臣不討賊今呂嘉建德等反自立晏如令罪人及江淮以南徐廣曰淮一作匯也樓船十萬師應劭曰時欲擊越非水不至故作大船船上施樓故號曰樓船也往討之元鼎五年秋衛尉路博德為伏波將軍出桂陽下匯水徐廣曰一作湟騶案地理志曰桂陽有匯水通四會或作淮字○索隱曰劉氏云匯當作湟漢書云下湟水也主爵都尉楊僕為樓船將軍出豫章下橫浦故歸義越侯二人張晏曰故越人降為侯為戈船下厲

將軍徐廣曰厲一作瀨駰案張晏曰越人於水中負人船又有蛟龍之害故置戈於船下因以爲名也應劭曰瀨水流涉上也瓚曰伍子胥書有戈船以載干戈因謂之戈船也出零陵或下離水徐廣曰在零陵通廣信○正義曰地理志云零陵縣有離水東至廣信入鬱林九百八十里或抵蒼梧使馳義侯徐廣曰越人也名遺因巴蜀罪人發夜郎兵正義曰曲州協州以南是夜郎國下牂柯江正義曰江出南徼外東通四會至番禺入海也咸會番禺元鼎六年冬樓船將軍將精卒先陷尋陜破石門索隱曰姚氏云尋陜在始興西三百里近連口也廣州記石門在番禺縣北二十里昔呂嘉拒漢積石於江名曰石門又俗云石門水名貪泉飲之則令人變故吳隱之至石門酌水飲乃爲歌也得越船粟因推而前挫越鋒以數萬人待伏波伏波將軍將罪人道遠會期後與樓船會乃有千餘人遂

俱進樓船居前至番禺建德嘉皆城守樓船自擇便處居東南面伏波居西北面會暮樓船攻敗越人縱火燒城越素聞伏波名日暮不知其兵多少伏波乃爲營遣使者招降者賜印復縱令相招樓船力攻燒敵反驅而入伏波營中犂旦城中皆降伏波徐廣曰呂靜曰犂結也音力奚反結猶連及逮至也漢書犂旦爲遲旦謂待明也○索隱曰鄒氏云犂一作比比音必至反然犂即比義不煩更釋又解犂黑也天未明而尚黑也漢書史記亦作遲明遲音稚遲待也亦犂之義也呂嘉建德已夜與其屬數百人亡入海以船西去伏波又因問所得降者貴人以知呂嘉所之遣人追之以其故校尉司馬蘇

弘得建德封爲海常侯徐廣曰在東萊越郎都徐廣曰南越之郎官稽徐廣曰表曰孫都得嘉封爲臨蔡侯索隱曰案表屬河內蒼梧王趙光者越王同姓聞漢兵至及越揭陽令定韋昭曰揭音其逝反○索隱曰地理志揭陽縣屬南海揭音桀劉氏音求例反定者令之名也案漢功臣表云定揭陽令意又別自定屬漢越桂林監居翁漢書音義曰桂林郡中監姓居名翁也諭甌駱屬漢索隱曰案漢書甌駱三十餘萬口降漢皆得爲侯索隱曰案漢書云光聞漢兵至降封爲桃侯揭陽令爲安道侯越將畢取爲膫侯桂林監居翁爲湘城侯韋昭云湘城屬堵陽桃安道膫三縣皆屬南陽膫音遼也戈船下厲將軍兵及馳義侯所發夜郎兵未下南越已平矣遂爲九郡徐廣曰儋耳珠崖南海蒼梧九真鬱林日南合浦交阯○索隱曰徐廣皆據漢書爲說伏波將軍益封

樓船將軍兵以陷堅爲將梁侯自尉佗初王後五世九十三歲而國亡焉

太史公曰尉佗之王本由任囂遭漢初定列爲諸侯隆慮離溼疫佗得以益驕甌駱相攻南越動搖漢兵臨境嬰齊入朝其後亡國徵自樛女呂嘉小忠令佗無後樓船從欲怠傲失惑伏波困窮智慮愈殖因禍爲福成敗之轉譬若糾墨

索隱述贊曰

中原鹿走 羣雄莫制 漢事西馳

越推南裔 陸賈騁說 尉佗去帝

樛后內朝　呂嘉狠戾　君臣不協
卒從剿絶

南越尉佗列傳第五十三　史記一百一十三

東越列傳第五十四　史記一百一十四

閩越王無諸 韋昭曰閩音武巾反東越之別名○索隱曰按說文云閩東越蛇種也故字從虫閩聲音旻 及越東海王搖者其先皆越王句踐之後也姓騶氏 徐廣曰騶一作駱○索隱曰徐廣說是上云甌駱此別云閩不姓騶也 秦已并天下皆廢爲君長以其地爲閩中郡 徐廣曰今建安侯官是○索隱曰小顏以爲即今之泉州建安也○正義曰今閩州又改爲福也 及諸侯畔秦無諸搖率越歸鄱陽令吳芮所謂鄱君者也從諸侯滅秦當是之時項籍主命弗王 漢書音義曰主號令諸侯不王無諸搖等 以故不附楚漢擊項籍無諸搖率越人佐漢漢五年復立無諸爲閩越王王閩中故地都東冶

孝惠三年舉高帝時越功曰閩君搖功多其民便附乃立搖爲東海王 應劭曰在吳郡東南濱海云 都東甌 徐廣曰今之永寧也○索隱曰姚氏云甌水名永嘉記水出寧山行三十餘里去郡城五里入江昔有東甌王都城有亭積石爲道今猶在也 世俗號爲東甌王後數世至孝景三年吳王濞反欲從閩越閩越未肯行獨東甌從吳及吳破東甌受漢購殺吳王丹徒以故皆得不誅歸國吳王子子駒亡走閩越怨東甌殺其父常勸閩越擊東甌至建元三年閩越發兵圍東甌東甌食盡困且降乃使人告急天子天子問太尉田蚡蚡對曰越人相攻擊固其常又數反覆

不足以煩中國往救也自秦時棄弗屬於是中大夫莊助詰蚡曰特患力弗能救德弗能覆誠能何故棄之且秦舉咸陽而棄之何乃越也今小國以窮困來告急天子天子弗振當安所告愬又何以子萬國乎上曰太尉未足與計吾初即位不欲出虎符發兵郡國乃遣莊助以節發兵會稽會稽太守欲距不為發助乃斬一司馬諭意指遂發兵浮海救東甌未至閩越引兵而去東甌請舉國徙中國乃悉舉衆來處江淮之間（徐廣曰年表曰東甌王廣武侯望率其衆四萬餘人來降家廬江郡○索隱曰徐廣據年表而為說）至

建元六年閩越擊南越南越守天子約不敢擅發兵擊而以聞上遣大行王恢出豫章大農韓安國出會稽皆為將軍兵未踰嶺閩越王郢發兵距險其弟餘善乃與相宗族謀曰王以擅發兵擊南越不請故天子兵來誅今漢兵衆彊今即幸勝之後來益多終滅國而止今殺王以謝天子天子聽罷兵固一國完不聽乃力戰不勝即亡入海皆曰善即鏦殺王（索隱曰劉氏鏦音窻鏦撞也）使使奉其頭致大行大行曰所為來者誅王今王頭至謝罪不戰而耘（徐廣曰漢書作運耘義當取耘除或言耘音于粉反此楚人聲重耳隕耘）

當同音但字有假借聲有輕重利莫大焉乃以便宜案兵告大農軍而使使奉王頭馳報天子詔罷兩將兵曰郢等首惡獨無諸孫繇君丑不與謀焉索隱曰繇音搖繇者邑號丑名也乃使郎中將立丑為越繇王奉閩越先祭祀餘善已殺郢威行於國國民多屬竊自立為王繇王不能矯其衆持正天子聞之為餘善不足復興師曰餘善數與郢謀亂而後首誅郢師得不勞因立餘善為東越王與繇王並處至元鼎五年南越反東越王餘善上書請以卒八千人從樓船將軍擊呂嘉等兵至揭揚以海風波

為解不行持兩端陰使南越及漢破番禺不至是時樓船將軍楊僕使使上書願便引兵擊東越上曰士卒勞倦不許罷兵令諸校屯豫章梅嶺待命徐廣曰在會稽界○索隱曰徐說非也案今豫章三十里有梅嶺在洪崖山當古驛道此文云豫章梅嶺知非會稽也○正義曰括地志云梅嶺在虔化縣東北百二十八里虔州漢亦屬豫章郡二所未詳元鼎六年秋餘善聞樓船請誅之漢兵臨境且往乃遂反發兵距漢道號將軍騶力等為吞漢將軍入白沙武林徐廣曰在豫章界○索隱曰案今豫章北二百里接鄱陽界地名白沙有小水入湖名曰白沙沙東南八十里有武陽亭亭東南三十里地名武林此白沙武林今當閩越之京道梅嶺殺漢三校尉是時漢使大農張成故山州侯齒徐廣曰成

陽共王子將屯弗敢擊却就便處皆坐畏懦誅餘善刻武帝璽自立詐其民爲妄言天子遣橫海將軍韓說出句章索隱曰鄭氏句音鉤會稽縣也○正義曰句章故城在越州鄮縣西一百里漢縣浮海從東方往樓船將軍楊僕出武林中尉王溫舒出梅嶺越侯爲戈船下瀨將軍出若邪白沙索隱曰案姚氏云若邪地名今闕○正義曰越州有若耶山若耶溪若如一頃州有白沙山蓋從如此耶白沙東故閩州元封元年冬咸入東越東越素發兵距險使徇北將軍守武林敗樓船軍數校尉殺長吏樓船將軍率錢唐轅終古正義曰錢唐杭州縣轅姓終古名斬徇北將軍爲禦兒侯漢書音義曰今吳南亭是也○正義曰禦字今作語語兒鄉在蘇州嘉興縣南七十里臨官道也自兵未往故越衍侯吳陽前在漢漢使歸諭餘善餘善弗聽及橫海將軍先至越衍侯吳陽以其邑七百人反攻越軍於漢陽從建成侯敖徐廣曰亦東越臣與其率從繇王居股謀曰餘善首惡劫守吾屬今漢兵至衆彊計殺餘善自歸諸將儻幸得脫乃遂俱殺餘善以其衆降橫海將軍故封繇王居股爲東成侯索隱曰韋昭云在九江萬戶封建成侯敖爲開陵侯索隱曰徐廣云敖東越臣韋昭云開陵屬臨淮封越衍侯吳陽爲北石侯封橫海將軍說爲按道侯封橫海校尉福爲繚嫈侯漢書音義曰音遼縈○索隱曰繚嫈縣名

服虔嫈音瑩劉伯莊音紆營反福者成陽共王子故爲海常侯坐法失侯舊從軍無功以宗室故侯諸將皆無成功莫封東越將多軍漢書音義曰多軍名也索隱曰韋昭云多姓軍名也漢兵至棄其軍降封爲無錫侯於是天子曰東越狹多阻閩越悍數反覆詔軍吏皆將其民徙處江淮間東越地遂虛

太史公曰越雖蠻夷其先豈嘗有大功德於民哉何其久也歷數代常爲君王句踐一稱伯然餘善至大逆滅國遷衆其先苗裔繇王居股等猶尚封爲萬户侯由此知越世世爲公侯矣蓋禹之餘烈也

索隱述贊曰

句踐之裔　是曰無諸　旣席漢寵
寔因秦餘　騶駱爲姓　閩中是居
王搖之立　爰處東隅　後嗣不道
自相誅鋤

東越列傳第五十四　史記一百一十四

朝鮮列傳第五十五　史記一百一十五

張晏曰朝鮮有濕水洌水汕水三水合爲洌水疑樂浪朝鮮取名於此也○索隱曰案朝音潮直驕反鮮音仙以有汕水故名也汕一音訕

朝鮮正義曰潮仙二音括地志云高驪都平壤城本漢樂浪郡王險城又古云朝鮮地也王滿者故燕人也索隱曰案漢書滿燕人姓衛擊破朝鮮而自王之自始全燕時嘗略屬眞番徐廣曰一作莫遼東有番汗縣番音普寒反○索隱曰始全燕時謂六國燕方全盛之時常略二國以屬己也應劭云玄菟本眞番國徐氏云遼東有番汗縣者據地理志而知也朝鮮爲置吏築鄣塞秦滅燕屬遼東外徼漢興爲其遠難守復修遼東故塞至浿水爲界漢書音義曰浿音傍沛反○正義曰地理志云浿水出遼東塞外西南至樂浪縣西入海浿普大反屬燕燕王盧綰反入匈奴滿亡命正義曰命謂教令聚黨千餘人魋結蠻夷服而東走出塞渡浿水居秦故空地上下鄣索隱曰案地理志樂浪有雲鄣稍役屬眞番朝鮮蠻夷及故燕齊亡命者王之都王險徐廣曰昌黎有險瀆縣也○索隱曰韋昭云古邑名應劭注地理志云遼東有險瀆縣朝鮮王舊都臣瓚云險城在樂浪郡浿水之東也會孝惠高后時天下初定遼東太守即約滿爲外臣保塞外蠻夷無使盜邊諸蠻夷君長欲入見天子勿得禁止以聞上許之以故滿得兵威財物侵降其旁小邑眞番臨屯皆來服屬索隱曰東夷小國後以爲郡方數千里正義曰括地志云朝鮮高驪貊東沃沮五國之地國東西千三百里南北二千里在京師東東至大海四百里北至營州界九百二十里南至

新羅國六百里北至靺鞨國千四百里傳子至孫右渠正義曰其孫名也所誘漢亡人滋多又未嘗入見眞番旁衆國欲上書見天子又擁閼不通元封二年漢使涉何誘諭右渠索隱曰誘一作譙說文云譙讓也諭曉也譙音才笑反終不肯奉詔何去至界上臨浿水使御刺殺送何者索隱曰即送何之御也朝鮮裨王長正義曰顔師古云長者裨王名也送何至浿水何因刺殺也按裨王及將士長恐顔非也即渡馳入塞正義曰入平州榆林關也遂歸報天子曰殺朝鮮將上爲其名美即不詰索隱曰有殺將之美名拜何爲遼東東部都尉正義曰地理志云遼東郡武次縣東部都尉所理也朝鮮怨何發兵襲攻殺何天子募罪人擊朝鮮其秋遣樓船將軍楊僕從齊浮渤海兵五萬人左將軍荀彘出遼東討右渠右渠發兵距險左將軍卒正多率遼東兵先縱敗散多還走坐法斬樓船將軍將齊兵七千人先至王險右渠城守窺知樓船軍少即出城擊樓船樓船軍敗散走將軍楊僕失其衆遁山中十餘日稍求收散卒復聚左將軍擊朝鮮浿水西軍未能破自前天子爲兩將未有利乃使衛山因兵威往諭右渠右渠見使者頓首謝願降恐兩將詐殺臣今見信節請服降遣太子入謝獻馬五千匹及饋軍糧人衆萬餘持

兵方渡浿水使者及左將軍疑其爲變謂太子已服降宜命人毋持兵太子亦疑使者左將軍詐殺之遂不渡浿水復引歸山還報天子天子誅山左將軍破浿水上軍乃前至城下圍其西北樓船亦往會居城南右渠遂堅守城數月未能下左將軍素侍中幸將燕代卒悍乘勝軍多驕樓船將齊卒入海固已多敗亡其先與右渠戰困辱亡卒卒皆恐將心慙其圍右渠常持和節左將軍急擊之朝鮮大臣乃陰間使人私約降樓船往來言尚未肯決左將軍數與樓船期

戰樓船欲急就其約不會左將軍亦使人求間郤降下朝鮮朝鮮不肯心附樓船以故兩將不相能左將軍心意樓船前有失軍罪今與朝鮮私善而又不降疑其有反計未敢發天子曰將率不能前及使衛山諭降右渠右渠遣太子山使不能剸決與左將軍計相誤卒沮約今兩將圍城又乖異以故久不決使濟南太守公孫遂往征之有便宜得以從事遂至左將軍曰朝鮮當下久矣不下者有狀言樓船數期不會具以素所意告遂曰今如此不取恐爲大害非獨樓

船又且與朝鮮共滅吾軍遂亦以爲然而以節
召樓船將軍入左將軍營計事即命左將軍麾
下執捕樓船將軍并其軍以報天子天子誅遂
左將軍已并兩軍即急擊朝鮮朝鮮相路人相
韓陰尼谿相參將軍王唊漢書音義曰凡五人也戎狄不知官紀故皆稱相唊
音頰○索隱曰路人漁陽縣人如淳云相其國相路人名也唊一音協相與謀曰始欲降
樓船樓船今執獨左將軍并將戰益急恐不能
與戰王又不肯降陰唊路人皆亡降漢路人道
死元封三年夏尼谿相參乃使人殺朝鮮王右
渠來降王險城未下故右渠之大臣成已又反

復攻吏左將軍使右渠子長徐廣曰表云長路漢書表云長路音各降
相路人之子最索隱曰最名路人之子也告諭其民誅成已以
故遂定朝鮮爲四郡眞番臨屯樂浪玄菟也封參爲澅清侯
韋昭曰屬齊○索隱曰顧氏澅音獲陰爲萩苴侯韋昭曰屬勃海○索隱曰萩音秋苴音子餘反
唊爲平州侯韋昭曰屬梁父長爲幾侯韋昭曰屬河東○索隱曰幾縣名
最以父死頗有功爲温陽侯韋昭曰屬齊左將軍徵至
坐爭功相嫉乖計棄市樓船將軍亦坐兵至列
口當待左將軍擅先縱失亡多當誅贖爲庶人
索隱曰蘇林云列口縣名度海先得之
太史公曰右渠負固國以絕祀涉何誣功爲兵

發首樓船將狹徐廣曰言其所將卒狹少及難離咎悔失番禺乃反見疑荀彘爭勞與遂皆誅兩軍俱辱將率莫侯矣

索隱述贊曰

衛滿燕人　朝鮮是王　王險置都

路人作相　右渠首差　涉何誚上

兆禍自斯　狐疑二將　山遂伏法

紛紜無狀

朝鮮列傳第五十五　史記一百一十五

西南夷列傳第五十六　史記一百一十六

西南夷君長正義曰在蜀之南以什數夜郎最大索隱曰劉氏數音所具反鄒氏音所主反荀悅云夜郎犍爲屬國也韋昭云漢爲縣屬牂牁案後漢書云夜郎東接交阯其地在胡南其君長本出於竹以竹爲姓也○正義曰今瀘州南大江南岸協州曲州本夜郎國其西靡莫之屬正義曰在蜀南以下及西也靡非在姚州北去京西南四千九百三十五里即靡莫之夷以什數滇最大如淳曰滇音顛顛馬出其國也○索隱曰靡莫夷邑名滇與同姓也崔浩云滇後爲縣屬越巂太守所理也○正義曰昆州郎州等本滇國去京西五千三百七十里也自滇以北君長以什數邛都最大此皆魋結耕田有邑聚索隱曰魋漢書作椎音直追反結音計其外西自同師以東韋昭曰邑名也○索隱曰漢書作桐鄉北至楪榆韋昭曰在益州楪音葉○正義曰上音楪楪澤在靡北百餘里漢楪榆縣在澤西益都靡非本桑榆生王國也名爲巂昆明徐廣曰永昌有巂唐縣○索隱曰崔浩云巂昆明二國名韋昭云益州縣○正義曰巂音髓今體州也昆明巂州縣蓋南接昆明之地因名也皆編髮隨畜遷徙正義曰編步典反畜許又反皆巂昆明之俗也毋常處毋君長地方可數千里自巂以東北君長以什數徙筰都最大徐廣曰徙在漢嘉筰音昨在越巂○索隱曰服虔云徙筰二國名韋昭云徙縣在蜀筰縣在越巂○正義曰徙音斯括地志云筰州本西蜀徼外曰貓羌巂地理志云徙縣也華陽國志雅州邛郲山本名邛筰山故邛人筰人界自筰以東北君長以什數冄駹最大索隱曰案應劭云汶江郡本冄駹音亡江反○正義曰括地志云蜀西徼外羌茂州冄州本冄駹國地也後漢書云冄駹其山有六夷七羌九蠻各有部落也其俗或土箸或移徙在蜀之西自冄駹以東北君長以什數白馬最大索隱曰案夷邑名即白馬氏也○正義曰括地志云隴右成州武州皆白

馬氏其豪族楊氏居成州仇池山上皆氐類也此皆巴蜀西南外蠻

夷也始楚威王時使將軍莊蹻正義曰其略反郎州昆州即莊蹻所王將兵循江上略巴蜀黔中以西莊蹻者故楚

莊王苗裔也索隱曰蹻音矩灼反楚莊王弟爲盜者蹻至滇池地方

三百里索隱曰地理志益州滇池縣澤在西北後漢書云其池水源深廣而更淺狹有似倒流故謂滇池也○正義曰括地志云滇池澤在昆州晉寧縣西南三十里其水源深廣而更淺狹有似倒流故謂滇池旁平

地肥饒數千里以兵威定屬楚欲歸報會秦擊

奪楚巴黔中郡道塞不通因還以其衆王滇變

服從其俗以長之秦時常頞音案略通五尺道索隱曰謂棧道廣五尺○正義曰括地志云五尺道在郎州顏師古云其處險阸故道纔廣五尺如淳云道廣五尺諸

此國頗置吏焉十餘歲秦滅及漢興皆棄此國

而開蜀故徼巴蜀民或竊出商賈取其筰馬僰

僮正義曰今益州南戎州北臨大江古僰國髦牛以此巴蜀殷富索隱曰韋昭云僰屬犍爲音蒲北反服虔云舊京師有僰婢建元六年大行王恢擊東越東

越殺王郢以報恢因兵威使番陽令正義曰番音婆唐

蒙風指曉南越南越食蒙蜀枸醬徐廣曰枸一作蒟音窶駆案漢書音義曰枸木似穀樹其葉如桑葉用其葉作醬酢美蜀人以爲珍味○索隱曰案晉灼枸音矩劉德云枸樹如桑其椹長二三寸味酢取其實以爲醬美小顏云枸者緣木而生非樹也今蜀土家出枸實不長二三寸味辛似薑不酢劉説非也廣志云枸色黑味辛下氣消穀窶音求羽反蒙問所從來曰道西北牂柯

牂柯江正義曰崔浩云牂柯繫船杙也常氏華陽國志云楚頃襄王時遣莊蹻伐夜郎軍至且蘭椓船於岸

[illegible]

而步戰既滅夜郎以且蘭有椓船柯處仍改其名爲牂柯廣數里出番禺城下蒙歸至長安問蜀賈人賈人曰獨蜀出枸醬多持竊出市夜郎夜郎者臨牂柯江江廣百餘步足以行船南越以財物役屬夜郎西至同師然亦不能臣使也蒙乃上書說上曰南越王黃屋左纛地東西萬餘里名爲外臣實一州主也今以長沙豫章往水道多絕難行竊聞夜郎所有精兵可得十餘萬浮船牂柯江出其不意此制越一奇也誠以漢之彊巴蜀之饒通夜郎道爲置吏易甚上許之乃拜蒙爲郎中將將千人食重

萬餘人索隱曰案食糧及輜重車也音持用反從巴蜀筰關入遂見夜郎侯多同蒙厚賜喻以威德約爲置吏使其子爲令夜郎旁小邑皆貪漢繒帛以爲漢道險終不能有也乃且聽蒙約還報乃以爲犍爲郡發巴蜀卒治道自僰道指牂柯江索隱曰崔浩云牂柯繫船杙以爲地名道猶從也地理志夜郎又有豚水東至南海四會入海此牂柯江也蜀人司馬相如亦言西夷邛筰可置郡使相如以郎中將往喻皆如南夷爲置一都尉十餘縣屬蜀當是時巴蜀四郡徐廣曰漢中巴郡廣漢蜀郡通西南夷道戍轉相饟數歲道不通士罷餓離濕死者甚衆西南夷又數

反發兵興擊耗費無功上患之使公孫弘往視問焉還對言其不便及弘為御史大夫是時方築朔方以據河逐胡弘因數言西南夷害可且罷專力事匈奴上罷西夷獨置南夷夜郎兩縣一都尉（徐廣曰元光六年南夷始置郵亭）稍令犍為自葆就（正義曰令犍為自葆守而漸修成其郡縣也）及元狩元年博望侯張騫使大夏來言居大夏時見蜀布邛竹杖（韋昭曰邛縣之竹屬蜀瓚曰邛山名此竹節高實中可作杖）使問所從來曰從東南身毒國（徐廣曰字或作竺漢書直云身毒史記一本作乾毒駰案漢書音義曰一名天竺則浮屠胡是也○索隱曰身音捐毒音篤小顏亦曰捐篤也）可數千里得蜀賈人市或聞邛西可二千里有

身毒國騫因盛言大夏在漢西南慕中國患匈奴隔其道誠通蜀身毒國道便近有利無害於是天子乃令王然于柏始昌呂越人等使閒出西夷西指求身毒國至滇滇王嘗羌（徐廣曰嘗一作賞）乃留為求道西十餘輩歲餘皆閉昆明（如淳曰為昆明所閉道○正義曰昆明在今巂州南昆縣是也）莫能通身毒國滇王與漢使者言曰漢孰與我大及夜郎侯亦然以道不通故各自以為一州主不知漢廣大使者還因盛言滇大國足事親附天子注意焉及至南越反上使馳義侯因犍為發南夷兵且蘭君恐遠行旁

國虜其老弱索隱曰且音子餘反小國名也後爲縣屬牂牁乃與其衆反殺使者及犍爲太守漢乃發巴蜀罪人嘗擊南越者八校尉擊破之會越已破漢八校尉不下即引兵還行誅頭蘭索隱曰即且蘭也頭蘭常隔滇道者也已平頭蘭遂平南夷爲牂牁郡夜郎侯始倚南越南越已滅會還誅反者夜郎遂入朝上以爲夜郎王南越破後及漢誅且蘭邛君并殺筰侯冉駹皆振恐請臣置吏乃以邛都爲越巂郡筰都爲沈犂郡冉駹爲汶山郡應劭曰今蜀郡岷江廣漢西白馬爲武都郡上使王然于以越破及誅南夷

兵威風喩滇王入朝滇王者其衆數萬人其旁東北有勞寖靡莫皆同姓相扶未肯聽勞寖靡莫數侵犯使者吏卒元封二年天子發巴蜀兵擊滅勞寖靡莫索隱曰二國與滇王同姓以兵臨滇滇王始首善以故弗誅滇王離難西南夷舉國降請置吏入朝於是以爲益州郡賜滇王王印復長其民西南夷君長以百數獨夜郎滇受王印滇小邑最寵焉

太史公曰楚之先豈有天祿哉在周爲文王師封楚及周之衰地稱五千里秦滅諸侯唯楚苗

裔尚有滇王漢誅西南夷國多滅矣唯滇復爲寵王然南夷之端見枸醬番禺大夏杖邛竹西夷後揃剽分二方史記音義曰音翦○索隱曰揃謂被分割也剽音疋妙反言西夷後被揃割遂剽居西南二方各屬郡縣剽亦分義卒爲七郡徐廣曰犍爲牂牁越巂益州武都沈犂汶山地也

索隱述贊曰

西南外徼　莊蹻首通　漢因大夏

乃命唐蒙　勞浸靡莫　異俗殊風

夜郎最大　邛筰稱雄　及置郡縣

萬代推功

